"三国书院"系列丛书

孔明来了

成都武侯祠博物馆　编著

巴蜀书社

“三国书院”系列丛书编辑委员会

主　　编：蒋建义

执行主编：何红英

副 主 编：张　军　马　萍　奚　奕　李　龙　李润华

编　　委：谢佳倩　李　玲　李　志　文惠祯　杜建宏
乘　睿　刘茂硕　马金莎　张　洁　康　浩
吕　凯　罗　添　李雨薇　李　楠　蒋　艺

《孔明来了》工作组

总 策 划：谢佳倩　李　玲

内容设计：李　志　谢佳倩　李　玲

美术设计：杜建宏　刘茂硕

文字校对：刘茂硕　李　志　马金莎　蒋　艺

宣传推广：乘　睿　张　洁　吕　凯　李　楠

活动组织：文惠祯　康　浩　罗　添　李雨薇

学术支持：郭的非　安剑华　尹　恒

序言

诸葛亮，三国时期蜀汉丞相，中国古代杰出的政治家、军事家，最具知名度和影响力的历史人物之一，自古以来就是人们心中智慧的化身、完美品格的代表。千百年来，诸葛亮的人物形象持续跃升，人们对他的景仰与崇拜，跨越了年龄、地域、阶层的界限。这当然源于三国时代的精彩让世人津津乐道，更重要的是诸葛亮一生留下众多惊艳的事迹，彰显出他超凡的能力和品格。本书便是对与诸葛亮相关重要历史事件的摘要梳理。

能力和品格是中国古代评价一个人优劣的核心标准。诸葛亮在青年时便名声在外，一篇《隆中对》，看破天下局势。来到四川后，他南定叛乱，北伐秦川，兴修水利，发展贸易，将蜀汉治理得井井有条。他严于律己，清正廉洁，身先士卒，行为世范，其“澹泊明志，宁静致远”“鞠躬尽瘁，死而后已”的精神为人感念。我们整理并宣传诸葛亮的事迹，就是希望在全社会弘扬正直、忠诚、廉洁、文明的好风气，让青少年从小浸润在这样的风气中，学习并传承诸葛亮的智慧与优秀品格。

卓越在历史进程中体现，素养从点滴细节里得来。中华文明博大精深，源远流长，灿烂的成就足以让我们自信自豪。期望我们能寓教于乐，教学相长，一同读史、学史、讲史，把中华优秀传统文化传承下去，弘扬开来。

目录

青年孔明

- 知识点
- 阅读导语
- 阅读故事
- 小组活动

知识点

◎ 诸葛亮的姓、名、字、号。

◎ 诸葛亮的家族。

◎ 东汉末年的黄巾起义。

◎ 诸葛亮的老师和同学们。

阅读导语

“三顾频烦天下计，两朝开济老臣心”出自杜甫的《蜀相》，诗中的“老臣”生于乱世，却以超凡的智慧、卓越的才能和忠诚的品德，成为后世传颂的典范。他，就是三国时期蜀汉的丞相——诸葛亮，一位集政治家、军事家、外交家于一身的传奇人物。让我们一起走进这位智者的青年时光，去探寻他的家族渊源，以及他在乱世中求学的故事吧。

✻ 明崇祯十七年汲古阁版《三国志》 ✻

（成都武侯祠博物馆藏）

阅读故事

◈ 诸葛亮

诸葛亮，字孔明，琅琊阳都（今山东沂南）人，三国时期蜀汉丞相，杰出的政治家和军事家。诸葛亮辅佐刘备创建蜀汉政权，开启三分天下的格局。为实现兴复汉室的政治理想，他几度北伐，一生鞠躬尽瘁，死而后已。诸葛亮生前被封武乡侯，死后谥号“忠武侯”，纪念他的祠堂被称为“武侯祠”。

諸葛

◈ 诸葛亮的家族姓氏

根据史书记载，诸葛家祖先原本姓葛，是琅琊诸县（今山东诸城）人，后来迁徙到了阳都县，因为阳都县先已有了姓葛的人家，当地人为了区分，就把从诸县迁来的葛氏家族，称为“诸葛氏”了。

诸葛亮的先祖，是西汉名臣诸葛丰，汉元帝时曾任司隶校尉，负责监察地方官员和豪强大族是否有贪赃枉法的行为。他在任上恪守法制，不畏权贵，是一位有罪必究、执法严明的朝廷监察官。这位先祖严肃认真的思想作风，对诸葛家族的后人产生了重大影响。

诸葛亮的父亲诸葛珪，是泰山郡丞（副长官），膝下有五个子女，诸葛亮是其中一个。众所周知，诸葛亮，字孔明。古人的名和字有什么关联呢？“字”一般是“名”的解释和补充，男子在成年后进入社交场合，自称要用名，尊称别人就用字。或许从诸葛亮的名和字就能看出，他在将来会成为一道璀璨夺目的光芒，能够照耀人间，名垂后世。

◈ 乱世离乡

东汉末年，由于宦官外戚交替专权，朝廷昏庸无道。全国哀鸿遍野，民不聊生，社会矛盾极为尖锐，终于在公元 184 年爆发了黄巾起义，一时间全国各地纷纷响应。面对势头强劲的黄巾军，朝廷调集各郡诸侯和地方豪强势力去武力弹压。而诸侯又在这乱世中各自为政，争地夺权，让原本已经混乱不堪的东汉政局雪上加霜，朝廷更是大权旁落。在这动荡岁月中，诸葛亮的父母相继去世，他们兄弟姊妹由叔叔诸葛玄照顾。没过几年，战火波及诸葛亮的家乡阳都，叔叔诸葛玄为避战乱，决定带着诸葛亮姐弟远离家乡，先到豫章，不久又辗转到荆州。

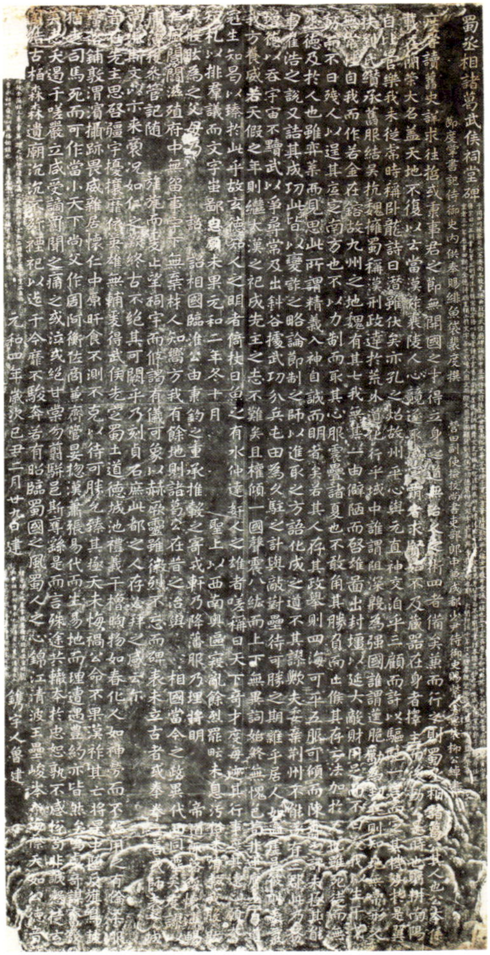

✻《蜀丞相诸葛武侯祠堂碑》碑阳拓本✻
（成都武侯祠博物馆藏）

蒼天已死
黄天當立

◈ 隆中的耕读岁月

公元 197 年，叔叔诸葛玄也去世了，于是诸葛亮带着弟弟来到襄阳城西 20 多里外的隆中结庐而居，度过了十年晴耕雨读的青年时光。时光荏苒，诸葛亮已经长成风度翩翩的俊逸青年。他胸怀天下，常常把自己比作春秋时期政治家管仲和战国时期军事家乐毅，以他们为榜样，树立了安邦定国的崇高志向。同时，在学习方法上，诸葛亮也注重从实际出发。他认为传统儒生“务于精熟”的读书方法已不适合当下，唯有“观其大略”，也就是在经典书籍中只读取重点、汲取精华，才能在有限时间里学到更多的知识。除了加强自身学习，诸葛亮还常常拜访很多当时的名士，其中包括儒学大家“水镜先生”司马徽，他称赞诸葛亮是“识时务的俊杰”；另一位是襄阳名士庞德公，他是一位声望极高的文化名人，诸葛亮尊重他的学识和品德，拜他为师，后来庞德公还赠给诸葛亮“卧龙”的雅号。除了以上的师长，诸葛亮还结识了徐庶、崔州平等与他有着共同抱负和道德标准的朋友。诸葛亮和这些良师益友们无所不谈，上至历史时政，下到个人志趣，都侃侃而论。这样的学习环境让诸葛亮受益匪浅，他虽未出隆中，却洞悉天下事。在 27 岁时，诸葛亮迎来了一生中最重要的伯乐——刘备，从此开启了他波澜壮阔的政治征途。

小组活动

1. 请准确说出诸葛亮的姓名、字、谥号和雅号，他的名和字有什么特殊含义呢？

2. 诸葛亮青年时期在隆中结庐苦读，他的老师和同学有哪些呢？

✻ 现代刘旦宅“诸葛亮像”卷轴 ✻

（成都武侯祠博物馆藏）

卧龙出山

- 知识点
- 阅读导语
- 阅读故事
- 小组活动

知识点

◎公元207年，刘备三顾茅庐请诸葛亮出山。

◎诸葛亮以《隆中对》为刘备分析天下大势。

◎历史上最早将四川盆地及其周边区域称为“天府”出自诸葛亮的《隆中对》。

◎赤壁之战，孙刘联军打败曹操。

阅读导语

成都，在今天是举世闻名的“天府之国”。首次将“天府”的美誉加于四川地区及其周边区域，正是在诸葛亮的《隆中对》里。在历史的长河中，刘备三顾茅庐请诸葛亮出山，诸葛亮作《隆中对》分析天下大势的故事，不仅是君臣相遇的佳话，更是智慧与战略碰撞的璀璨篇章。这段传奇，既见证了刘备的诚心与坚持，更开启了诸葛亮辅佐刘备谋取天下的辉煌历程。

阅读故事

诸葛亮躬耕陇亩十年，最终等来刘备的三顾茅庐。

◈ 三顾茅庐

遇见诸葛亮之前，刘备已在“兴复汉室”的道路上奋战了 20 余年。这一路走来异常艰辛，刘备长期寄人篱下、颠沛流离，兴复大汉的理想依然遥遥无期。公元 207 年，47 岁的刘备总结自己的前半生，认为过往屡遭败绩，是因为缺乏一位能够为自己提供有力辅助的人才。于是，在司马徽和徐庶的举荐下，刘备决定亲自到隆中拜访有着“卧龙”之名的诸葛亮。关于刘备拜访诸葛亮，史书记载仅有五个字：“凡三往，乃见。”

刘备眼前的诸葛亮，是怎样一位青年呢？《三国志》记载：“亮少有逸群之才，英霸之气；身长八尺，容貌甚伟，时人异焉。”也就是说，站在刘备面前的是一位气宇轩昂、身型高大、长相不凡的年轻人。面对

✻ 张飞塑像、诸葛亮塑像、刘备塑像、关羽塑像 ✻

（成都武侯祠博物馆藏）

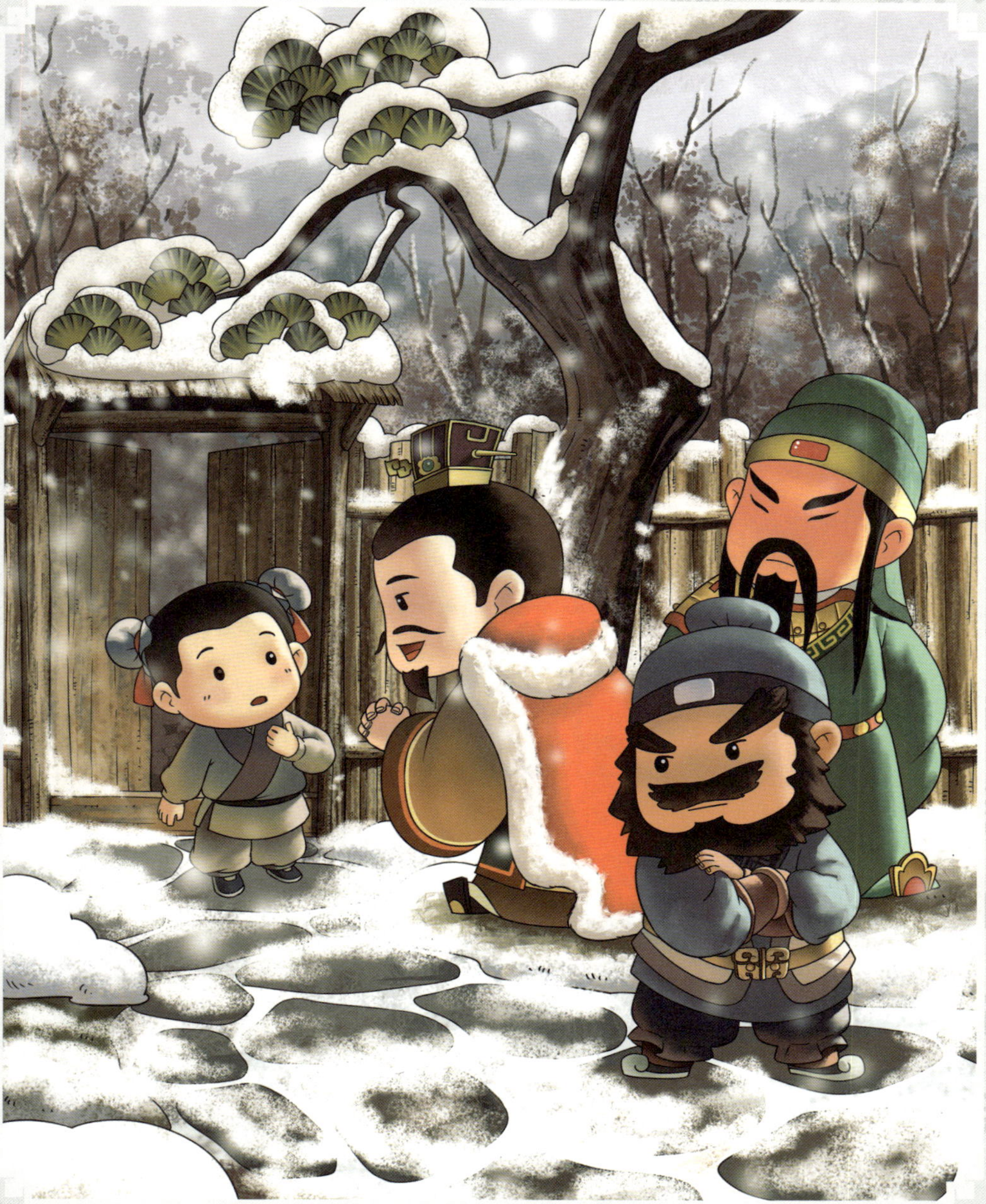

曹
曹
黄

这位27岁的青年才俊，刘备敞开心扉，诚恳虚心地向诸葛亮请教一统天下的大计。

诸葛亮被刘备礼贤下士的精神所打动，于是他为刘备分析了当时形势，认为曹操已占领中原，强势逼人，不可与他争强；而孙权据有江东，根基牢固，也已成气候。他指出了荆州和益州的重要性，提出占据荆、益两州，谋取西南各族的支持，联合孙权对抗曹操，逐步实现一统天下、兴复汉室的伟大理想。这便是著名的《隆中对》。

诸葛亮的一席话，使得刘备茅塞顿开，他由衷感慨："孤之有孔明，犹鱼之有水也！"

在《隆中对》里，诸葛亮特别提到"益州险塞，沃野千里，天府之土，高祖因之以成帝业"。益州主要指今天的陕西南部、四川以及云南、贵州等广大西南地区，这是将四川盆地及其周边区域称为"天府"的最早记载。

◈ 赤壁建功

公元208年，曹操亲率大军南下，攻打荆州，适逢刘表去世，其子刘琮继任荆州牧，便投降曹操。刘备率军南撤，准备在江陵（今湖北江陵）与关羽会师，但撤行至当阳（今湖北当阳）长坂坡时，被曹操精锐部队击溃。刘备连家人失散都顾不上了，仅率几十名骑兵奔逃。幸有张飞在当阳据水断桥和赵云在长坂坡单骑救阿斗，刘备一行才得以逃离险境。

在此败军之际，诸葛亮主动提出联吴抗魏的策略。他奉命出使东吴，向孙权详细分析了当前的形势和利弊，指出曹军的弱点：一、远途征战，疲劳困乏，犯了兵家大忌；二、曹军来自北方，不适应南方的水上作战；三、荆州的民众并非真心降曹。刘备虽然兵败，但是现在陆续归队的战士加上关羽的水军依然有精兵万人，另外听从刘备指挥的刘琦的军队也有上万人。如果孙权派精兵猛将与刘备联合抗曹，一定能打败曹军。

在诸葛亮一番精辟的分析和诚恳的劝说之下，孙权下定决心与刘备联盟，最终孙、刘联军在赤壁以火攻大败曹操。之后刘备又先后出兵攻占荆州四郡，在“兴复汉室”的道路上取得了一次真正意义上的成功，初步实现了诸葛亮在《隆中对》中所制订的“夺得荆州”“联吴抗魏”战略规划。

◈ 精彩演义

赤壁大战是三国历史上的著名战役，奠定了曹操、刘备、孙权三分天下局面的雏形。关于赤壁大战，《三国演义》前前后后用了八个章回描写， 故事情节生动曲折、精彩纷呈，诸葛亮足智多谋、运筹帷幄的军师形象更是生动鲜活，为后世所喜爱。其中也诞生了不少脍炙人口的成语， 如“舌战群儒”“草船借箭”“万事俱备，只欠东风”等。尽管演义中的故事不全是历史事实，但历史上的诸葛亮却比演义中的更加生动，更具人格魅力且更富有人性的闪光点。

曹魏
洛阳
建业
成都
蜀汉
东吴

小组活动

1.《隆中对》里提到了益州，并第一次将它称为“天府”，谁能讲讲原文是怎么说的呢？

2.《三国演义》描写的赤壁大战故事情节生动曲折，精彩纷呈，诞生了一些脍炙人口的成语，请说一说有哪些成语呢？

✻ 孙权 ✻　　✻ 曹操 ✻　　✻ 刘备 ✻

智慧孔明

- 知识点
- 阅读导语
- 阅读故事
- 小组活动

知识点

◎ 诸葛亮选择辅佐刘备的原因。

◎ 诸葛亮的智慧发明。

◎ 诸葛亮对弩的创造性改造——诸葛连弩。

◎ 木牛流马的作用。

阅读导语

诸葛亮素有“卧龙”之称，千百年来一直被后世认为是智慧的化身。他的智慧，既体现在为人处世之道上，又展现在政治、军事的谋略中，而他“性长于巧思，损益连弩，木牛流马”，更让我们惊叹不已。接下来，我们将一同走进诸葛亮的智慧殿堂，探索那些流传千古的智慧故事。

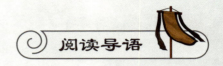

阅读故事

现代人说到“智慧”二字，常常理解为聪明、智商高。三国人物中，刘备之“仁”，关羽之“义”，诸葛亮之“智”让人印象深刻。其中，作为智慧化身的诸葛亮，最受大家的欢迎。他的这种智慧魅力从何而来呢？难道仅仅是因为他聪明绝顶吗？

“智”不是单纯地指智商，更重要的是明白事理，在是与非、善与恶之间能够做出正确的判断和选择。诸葛亮明智择主，一生创造了众多的创新发明，让他受到了上至帝王将相、士大夫，下至庶民百姓的赞赏推崇。

◈ 明智择主

东汉末年，群雄并起，27 岁的诸葛亮以“卧龙”的美名著称，并不缺乏“择主”机会。然而他既没有选择曹操，也没有去投靠孙权，反而选择实力并不是很强大的刘备，这是为什么呢？

第一，感动于刘备对人才的尊重。三顾茅庐时，被称为天下英雄的刘备放下自己的社会地位，放下长者的身份，先后三次去向一位布衣青年求教安邦定国之计。士为知己者死，诸葛亮选择刘备，是选择了一位尊重赏识自己的人。

第二，与刘备的是非观、理想一致。刘备三顾茅庐时对诸葛亮说：“汉室危急，我刘备不计成败挺身而出，虽无所成就但雄心壮志不灭。”诸葛亮在隆中耕读，胸怀“兴复汉室，一统天下”的抱负，期待明主。二人的理想、是非观一致，所以诸葛亮选择了一个和自己有着共同理想的人。

第三，看重刘备的仁义。相对于曹操和孙权，刘备没有强大的家族作支持，空有皇室后裔的名号，但他用自己的信义、仁德赢得了人心。从襄阳撤离时，十万民众随他逃难，有人劝他放弃这些随行的人，刘备断然拒绝说：“夫济大事者，必以人为本，今人归吾，吾何忍弃去！”诸葛亮选择追随刘备，是选择追随仁义。

第四，诸葛亮还有自身发展的考虑。当时的曹操和孙权都兵强马壮，身边人才济济，而刘备还处于创业阶段，诸葛亮到刘备帐下，能最大程度施展自己的才能。选择刘备，选择的是未来广阔的发展前景，是明智的抉择。

◈ 智慧发明

《三国志》记载："亮性长于巧思，损益连弩，木牛流马，皆出其意；推演兵法，作八阵图，咸得其要云。"意思是：诸葛亮天性擅长巧思，改进连弩，发明木牛、流马，都是出自他的创意；推演推论兵法，制作八阵图，都能够得到兵法的要领。

诸葛连弩：弩，是由弓发展而成的一种远程射杀性武器，战国时期就已经出现。为了对抗魏国强大的骑兵，诸葛亮在前代基础上进行改良，设计了能一次发射十支弩箭的兵器，称作"元戎"，也就是我们说的诸葛连弩。

公元231年，诸葛亮第四次北伐，兵出祁山，多次求战，司马懿都坚守不出。最后，诸葛亮因担心粮草不济而率军撤退，司马懿令张郃追击。诸葛亮又在木门道设下埋伏，将张郃大军围歼，混战中蜀军弓弩齐发，结果张郃右膝中箭，因伤去世。

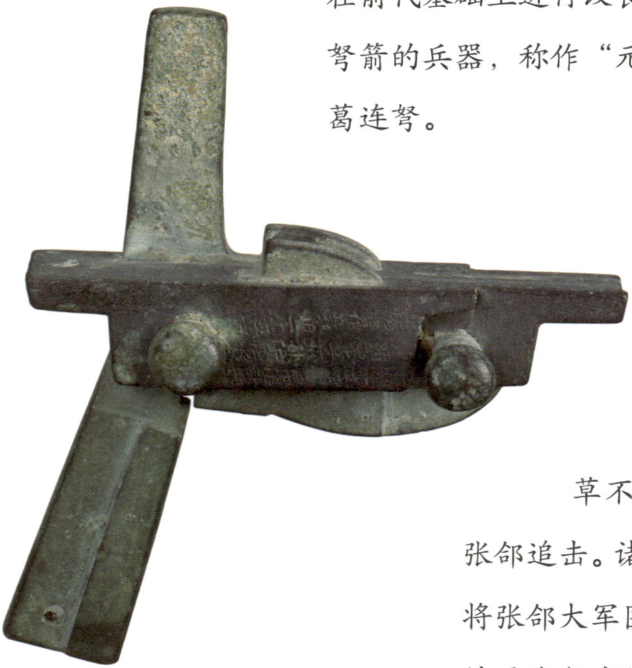

✻ 蜀汉铭文青铜弩机 ✻

（成都武侯祠博物馆藏）

張

木牛流马：诸葛亮从汉中北伐曹魏，由于秦岭间的栈道崎岖狭窄，军粮的运输十分困难，有好几次都是因为断粮而退兵。为了解决这个问题，诸葛亮发明了木牛、流马。据史书记载，诸葛亮第四次北伐用木牛运粮，第五次北伐用流马运粮。木牛和流马是诸葛亮根据不同地形而发明的两种不同的运输工具：前者可载一个士兵一岁之粮；后者较前者轻便，载重约为一个士兵一月之粮。

八阵图：八阵图是古代作战时的阵法，相传在战国时已经出现。诸葛亮为了提高蜀军的战斗力，将原有的“八阵”加以变化，用以操练士卒、行军布阵，成了后世所说的“八阵图”。

除了史书明确记载的这些发明，在民间传说中还有很多由诸葛亮发明的东西，比如：孔明灯、孔明锁、诸葛鼓、馒头等。

❊　东汉四耳蹲蛙青铜鼓　❊

（成都武侯祠博物馆藏）

小组活动

1. 诸葛亮被视作智慧的化身，在史书记载和民间传说中有很多发明。谁能说说哪些东西是诸葛亮发明的呢？

2. 东汉末年，群雄逐鹿，诸葛亮并没有选择兵强马壮的曹操、孙权势力，而是追随实力并不是很强大的刘备。请说一说他为什么做出这样的选择。

孔明治蜀

- 知识点
- 阅读导语
- 阅读故事
- 小组活动

知识点

◎ 都江堰对于成都的重要性。

◎ 诸葛亮维护都江堰水利工程的一系列措施。

◎ 成都“锦官城”名称的由来。

◎ 古人对自然资源的有效利用——火井煮盐。

阅读导语

诸葛亮治理蜀地期间，重点维护以都江堰为代表的水利工程，大力发展蜀锦、盐、铁等支柱产业，将蜀地治理得井井有条，一片太平景象。让我们翻开历史的篇章，一同走进诸葛亮治理蜀地的精彩世界吧。

阅读故事

公元223年，蜀汉开国之君刘备去世后，丞相诸葛亮领益州牧，操劳朝廷的大小事务，承担起了兴复汉室的重任。面对强大的曹魏，此时的蜀汉并不具备与之抗衡的实力，所以诸葛亮实行休养生息的策略，积蓄力量，以待时机。

◈ 诸葛亮与都江堰

都江堰水利工程位于成都西面岷江之上，兼具防洪和灌溉的功能，直到建成2000多年后的今天，依然在发挥作用。因为都江堰的修建，成都平原成了物产富饶的“天府之国”。都江堰是秦蜀郡太守李冰主持建造的，但鲜为人知的是，蜀汉丞相诸葛亮还有着护堰之功。

诸葛亮深深明白农业对于一个国家的重要性，只有农业发达，老百姓才能吃饱饭。为了保障农业生产，他专门设立了一个官职——“堰官”，负责管理都江堰水利工程，并且每年都要派遣1200名士兵，对都江堰进行修缮和保护。这是历史上首次以国家的名义为都江堰水利工程建立起的管理制度，这一举措又被后来的历朝历代效仿沿袭，逐渐形成每年进行“岁修”的固定模式。“岁修”也就是每年岁末利用枯水期对整个水利工程进行“体检”和维护。在这样的管理模式之下，都江堰

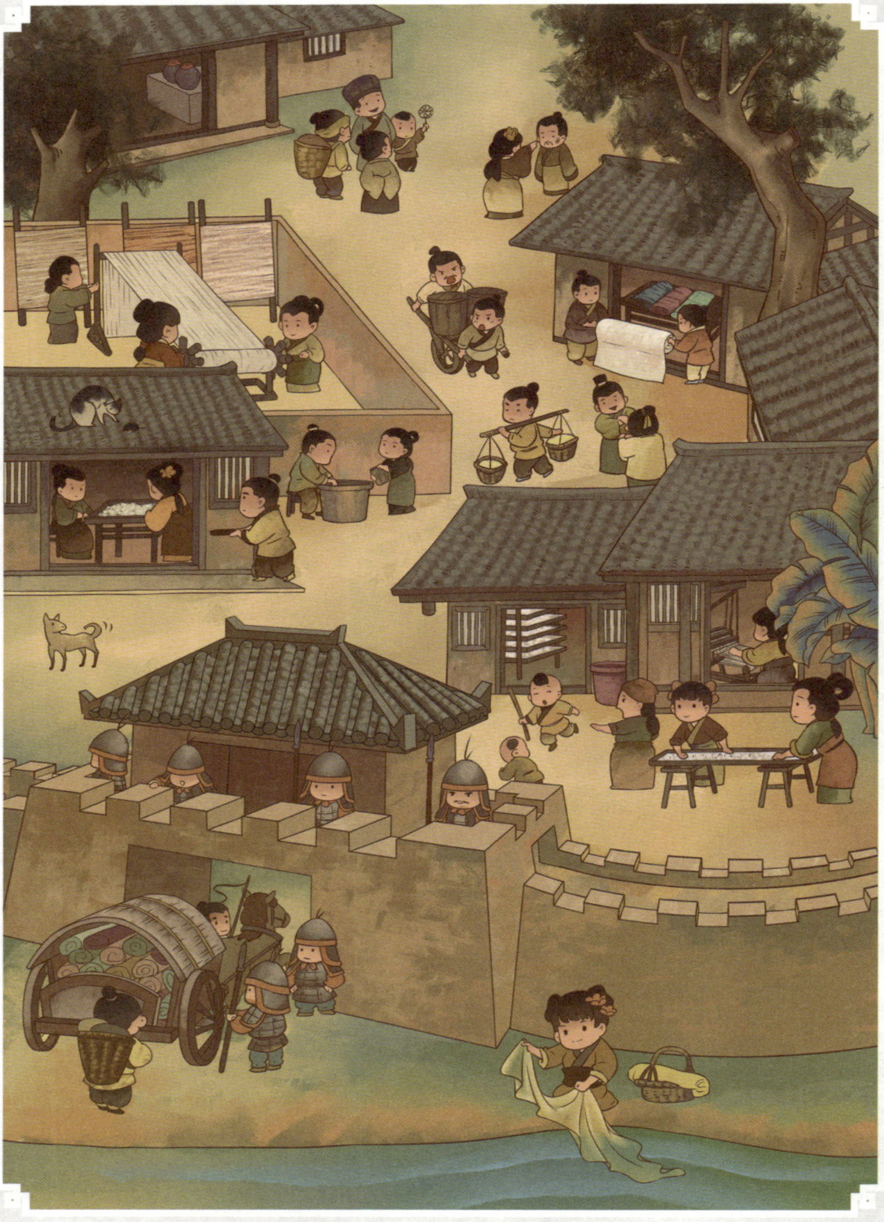

这个有2000多岁“高龄”的水利工程到今天依然滋养着成都平原，成为古代水利工程的奇迹。2000年，“青城山－都江堰”被联合国教科文组织列入世界文化遗产名录。2018年，都江堰入选世界灌溉工程遗产名录。加上都江堰也是世界自然遗产“四川大熊猫栖息地”的重要组成部分，现在都江堰共拥有三大世界遗产项目。

◈ 锦官城

早在汉代，成都的织锦业就十分发达，但当时大多还是分散的个体生产，没有形成规模，产品质量也参差不齐。诸葛亮治蜀期间，让织锦专业户们在成都的城南集中起来生产生活，并设置了“锦官”这一官职进行管理。由于这片区域周围建有提供保护的城墙，所以被称为“锦官城”或“锦里”。

三国时期，东吴和曹魏都还没有像蜀锦这样的精美丝织品，因此蜀锦在吴、魏两国很有市场，成了权贵们争相追捧的奢侈品。锦官城的修建，让蜀汉的织锦行业得以迅速发展，蜀锦的产量和质量都大大提高，为国家换来了巨额财富。诸葛亮曾在教令中提出：“今民贫国虚，决敌之资，唯仰锦尔。”也就是说与北方曹魏对决的经济来源，主要仰仗织锦行业所创造的收入了。今天，蜀锦已经成为四川最具代表性的名片之一，而“锦官城”也成为成都美丽的别称。

◈ 盐铁官营

除了蜀锦之外，盐、铁也是蜀汉重要的经济来源和战略物资。东汉末年，战争对经济造成了严重的破坏，益州也因刘备攻打刘璋的三年战争而陷入财政困境。为了摆脱这一困局，诸葛亮恢复了汉代的盐铁官营政策，将重要的战略物资收归国有。

除了在政策上加强管理，诸葛亮还大力改进和推广火井煮盐技术。古人所谓的“火井”，是指天然气冲出地表的出口，类似于现今的天然气井。

据史书记载，早在西汉，成都西面的临邛（今四川邛崃）老百姓在开凿盐井的同时，就发现了旁边还有火井。刚从盐井中开采出来的盐并不是固体，而是液态的“盐卤”，要把多余的水分蒸发干，才能得到固体的食盐。于是老百姓就将火井中的天然气作为燃料来煮盐，此举不仅充分利用了资源，同时也极大地提高了生产效率，节省了人力物力。但是，因为年代久远，到了三国时期，临邛火井的火势渐微，严重影响了盐业的生产。诸葛亮得知这一情况，专程到临邛火井视察，并改进技术，让火势重新兴旺起来。到如今，邛崃还有火井村，当地的那口火井也被老百姓叫作“诸葛井”。

诸葛亮治理蜀汉的一系列措施，不仅对当时蜀汉经济的发展起到了重要作用，也为成都留下了珍贵的文化遗产。

❋ 火井煮盐 ❋

小组活动

1. 诸葛亮治蜀期间，留下了许多重要文化遗产，有的名称甚至沿用至今。请说一说，成都有哪些和诸葛亮有关的历史遗迹呢？

2. 位于成都西面岷江之上的都江堰水利工程，修建于2000多年前，直到今天仍然发挥着防洪、灌溉的功能。为了维护都江堰水利工程的正常运行，诸葛亮在治蜀期间采取了哪些措施？

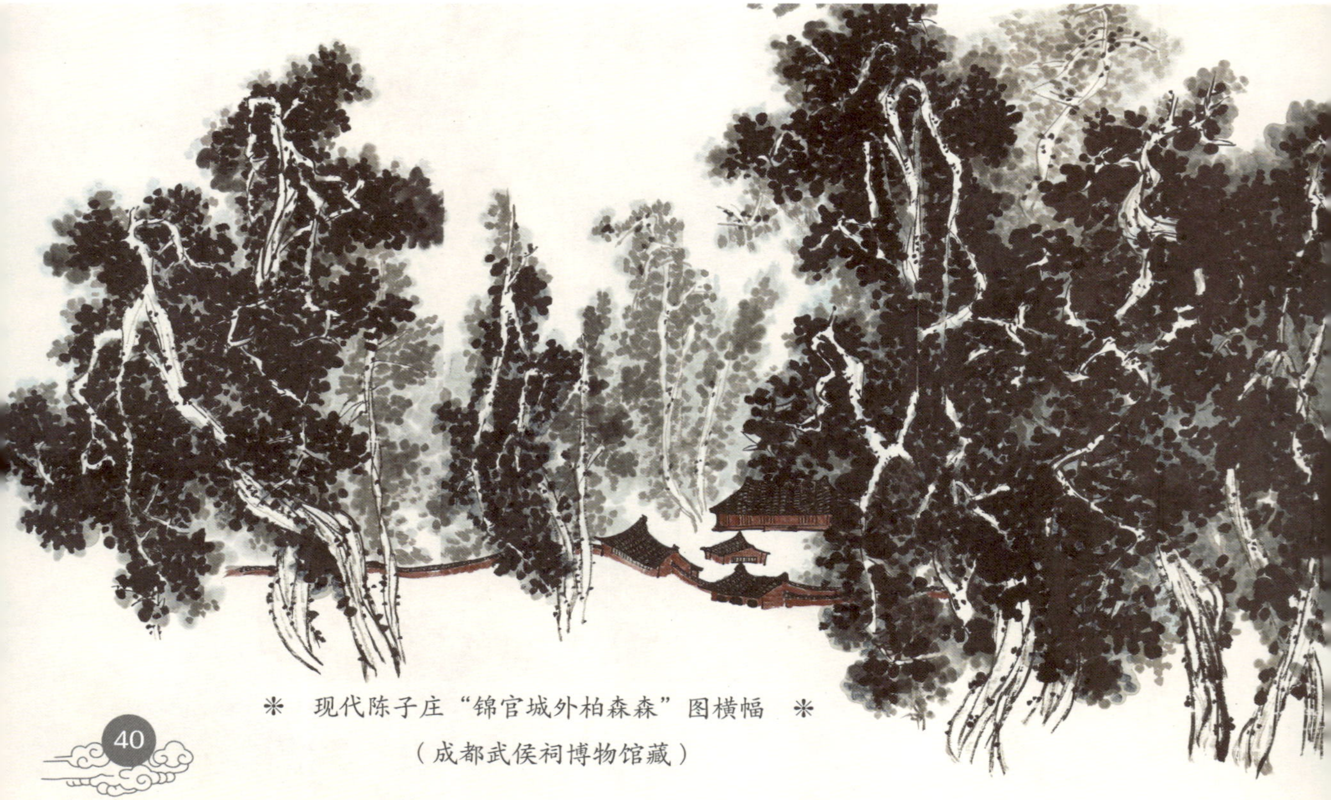

✻ 现代陈子庄“锦官城外柏森森”图横幅 ✻

（成都武侯祠博物馆藏）

南征传奇

- 知识点
- 阅读导语
- 阅读故事
- 小组活动

知识点

◎ 刘备去世后，南中叛乱。

◎ 公元 225 年，诸葛亮出兵南中稳定局势。

◎ 诸葛亮采用“攻心”战术七擒孟获。

◎ 诸葛亮发展南中的举措。

阅读导语

自27岁出山，到54岁病故，诸葛亮在27年的政治、军事生涯中，为兴复汉室，采取了许多重要举措，其中就包括平定南中，也给后人留下了许多南征传奇。接下来，我们将回到那个烽火连天的年代，一同见证诸葛亮如何凭借攻心为上的军事智慧与仁德之心，平定南中，巩固后方，为蜀汉的复兴大业奠定坚实的基础。

阅读故事

南中是对东汉末年益州南部五个郡的统称，分别是越巂郡、永昌郡、益州郡、牂牁郡、朱提郡，分布于今天四川省的南部以及贵州、云南两省。这片区域的面积很大，足足占了蜀汉的半壁江山。刘备去世后，南中五个郡当中，除了面积最小的朱提郡，其余四个郡都发生了不同程度的动乱。

诸葛亮统率大军南征，是他军事生涯的重要举措之一，在西南地区的发展历史上留下了深远的影响。

◈ 稳定南中

南中地区自古就是许多部族生活的地方，历史上因为各种原因，官府与当地的大姓和各土著民族有着很深的矛盾。刘备的去世，加上东面孙权的鼓动，南中一部分汉族的行政长官和土著大姓的首领发动了叛乱。

公元225年春，诸葛亮亲自率领大军，从成都出发南征。当时出动了多路大军，包括目标指向牂牁郡的马忠军团，目标指向益州郡的李恢军团等。而诸葛亮亲自率领的主力军团，从成都出发一直南下，冒险渡过当时叫作“泸水”的金沙江，经过艰难的长途跋涉，一直到了现今云南昆明的滇池一带。当年秋天，当地局势基本恢复稳定。12月，诸葛亮率军返回成都。10个月的时间，南征往返全程距离在4000里以上。在极为艰苦的交通条件下，既要跋山涉水，又要在沿途不断安定社会秩序，争取民心拥护，恢复政局稳定，这显然是一项极为繁重艰巨的任务。

◈ 南征传奇故事——七擒孟获

在南中的叛军中，孟获是很有影响的头领，为当地民族所信服。要想平定南中叛乱，就得想办法让他们的头领臣服才行。诸葛亮聪明多智，善用兵法，在与孟获的交战过程中，运用“攻心”战术，一步步从心理上去折服他，后人称之为“七擒孟获”。《三国演义》中就描写了这个精彩故事。

孟获第一次被诸葛亮使计活捉后，诸葛亮不加羞辱，反而领他观看蜀军的装备和士卒操练，想让孟获胆怯，放弃抵抗。但孟获却说：“我是因为之前不知虚实，所以才会失败，今天观看了营垒阵势，不过如此，下次我一定能胜利。”诸葛亮听后一笑，便把孟获给放了。

之后孟获先是派弟弟孟优假装给诸葛亮献宝，想来个里应外合击败蜀军，后又搬来藤甲兵与诸葛亮决战……反反复复多次，都被诸葛亮一一破解。孟获第七次被擒时，再也不跑了，打心底里敬服诸葛亮，孟获说：“公，天威也，南人不复反矣。”意思是：诸葛公，您真是天神下凡啊，我们再也不造反了。孟获回去后，说服各族部落全部投降，南中叛乱就此平定。

◈ 发展南中

✻ 蜀汉直百五铢钱 ✻
（成都武侯祠博物馆藏）

诸葛亮南征，既稳定了南中，同时又开发了南中，为蜀汉政权提供了安宁的大后方，也为北伐提供了战略资源和山地作战的实战经验。

南中平定后，诸葛亮把原有的五个郡改为七个郡，并大量任用当地部族首领来管理南中，表达对他们的充分信任。南中的人力资源和矿藏资源都非常丰富，从而解决了兵源和军用物资的问题。在大规模开发军用资源的同时，南中的经济也得到不同程度的发展。诸葛亮在南中推广内地的农业技术，大力提倡牛耕；带去先进的生产技术和织锦技艺，劝勉农桑，发展生产。在朝廷的大力支持下，南中老百姓的生活得到了极大改善。

经过诸葛亮的南征和大力开发，南中地区的战略价值逐渐凸显，蜀汉政府对其重视程度也随之快速上升。

小组活动

1.“七擒孟获”是诸葛亮南征途中的精彩故事。请以诸葛亮、孟获、孟优等身份分角色演绎这个故事。

2. 公元 225 年，诸葛亮率领大军出征南中，当时的南中面积很大，占据了蜀汉的半壁江山。请说一说，南中包括哪些地方呢？

北伐英风

- 知识点
- 阅读导语
- 阅读故事
- 小组活动

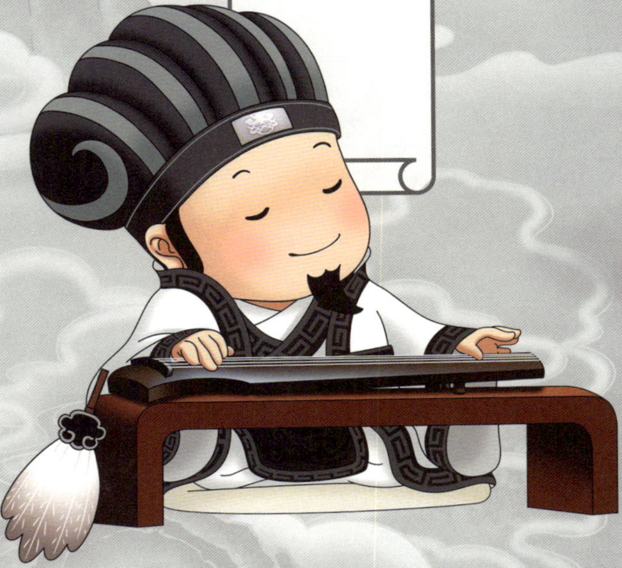

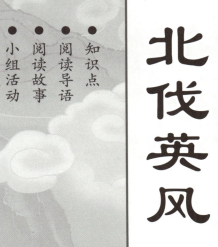

漢

知识点

◎ 诸葛亮向后主呈上《出师表》。

◎ 诸葛亮第一次北伐。

◎ 马谡失街亭。

◎ 小说《三国演义》中的空城计。

◎ 公元 234 年，诸葛亮病逝于五丈原，葬于汉中定军山。

✻ 蜀汉延熙十六年文字砖 ✻

（成都武侯祠博物馆藏）

阅读导语

“马谡失街亭”“空城计”是我们熟悉的《三国演义》小故事，而这些故事都发生在诸葛亮北伐途中。自公元 228 年开始，诸葛亮北伐曹魏，却因种种原因未能实现克复中原的宏愿，不幸病逝于五丈原，留下了“出师未捷身先死，长使英雄泪满襟”的千古遗憾。诸葛亮为什么要进行北伐？北伐的战况怎么样？北伐对蜀汉政权又有哪些战略意义呢？

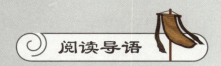

阅读故事

诸葛亮一生最大的志向，就是“兴复汉室，一统天下”。公元227年，47岁的诸葛亮，眺望着远方，心中感慨万千。现在终于平定了南中的叛乱，与孙权重修盟好，又扩充了军队，积蓄了物资，各方面都已准备就绪，出兵北伐的时机终于到了。

◈ 上《出师表》

出兵北伐是蜀汉政权的大事，必须经过皇帝的批准才行。公元227年，诸葛亮向后主刘禅呈上了一封表章，正式请求皇帝批准自己统领蜀汉大军，北伐曹魏，以完成兴复汉室的大业。这就是流传后世的《出师表》。

《出师表》文情并茂，内容丰富，其中说到了国家所面临的严峻形势，说到了亲贤臣、远小人的历史借鉴，以及诸葛亮追随先帝的悠悠往事和对后主深厚的眷顾之情，是今天我们进行爱国主义教育的优秀篇章。

◈ 首伐曹魏

公元228年春天，诸葛亮制定出了一套完整的作战方案，正式拉开了北伐曹魏的序幕。

他采用声东击西的策略，故意放出风声要从斜谷道攻取曹魏的郿县，派赵云、邓芝率军迷惑敌人，占据了箕谷一线，曹魏方面紧急调派

諸葛

大将军曹真率军前往抵御。而诸葛亮本人却指挥主力军团进攻祁山，南安、天水、安定三郡叛变曹魏响应诸葛亮，曹魏整个关中地区大为震动。

诸葛亮抵达祁山后，派马谡为前锋兵团总指挥，率领人马扼守军事要地街亭。马谡饱读兵书，但实战经验严重欠缺。他命令军队驻扎到南面的高山上，准备以居高临下的态势进攻敌人。副帅王平竭力劝阻马谡：军队驻扎在山上，失去水源将会非常危险。马谡却执意不听。曹魏大将张郃一眼看出破绽，切断蜀军水源。蜀军饥渴难耐，张郃大举进攻，蜀军溃败，街亭失守。

在《三国演义》中，马谡失街亭后，诸葛亮立即率军前往西城运走粮草，没想到司马懿很快率军杀到，形势非常危急。但诸葛亮并未惊慌失措，他命令手下偃旗息鼓，大开城门，自己领着两个小书童，登上城楼，悠然地弹起琴来。司马懿来到城下，望见诸葛亮气定神闲，焚香弹琴，疑有埋伏，竟下令退兵而去，这就是后世广为流传的“空城计”。虽然这个情节是小说中虚构的，但诸葛亮的智慧形象给大家留下了深刻印象。

由于原定作战计划失败，诸葛亮为了保存实力，只得退兵汉中，等待机会再次伐魏。

◈ 矢志北伐

诸葛亮发动的北伐战争，前后持续了七个年头。在公元228年冬天，他再度统领大军北上，出兵大散关，围攻陈仓，但最后粮尽退兵。

公元 229 年春天，诸葛亮派陈式进攻武都、阴平，并平定二郡。

公元 231 年春天，诸葛亮再次出兵祁山，为了解决粮草的运输问题，他发明了木牛作运输工具。但由于同为托孤重臣的李严办事不力，未能将后续军粮如期运抵前线，诸葛亮不得不全军返回汉中。退军之际，诸葛亮还亲自设伏，击杀曹魏大将张郃。

回到北伐大本营汉中后，诸葛亮命士兵开荒种地，储备军粮，并设计制作出一种快速省力的粮食运输工具——流马。同时抓紧练兵、修建道路，为下一次北伐做准备。

◈ 秋风五丈原

经过整整两年的准备，公元 234 年 2 月，诸葛亮指挥大军再次北伐。此次的曹魏主帅是老谋深算的司马懿，诸葛亮多次派兵求战，但司马懿都坚守不出。两军僵持了上百天后，长期在外风餐露宿的诸葛亮，终因积劳成疾，不幸病逝在了五丈原的大营中，享年 54 岁。

临终前，诸葛亮留下遗命：将他葬在定军山下，依山造坟，坟墓能放下棺材就行，入殓时穿平时衣服，也不要放随葬品。直到今天，诸葛亮依然长眠于陕西勉县定军山下。

从 27 岁出山到 54 岁病逝，一代贤相诸葛亮始终怀揣兴复汉室的梦想，艰苦奋斗，直到生命的尽头。北伐虽未成功，但他“鞠躬尽瘁，死而后已”的精神一直激励着后世。

漢

小组活动

1. 公元228年，诸葛亮正式拉开北伐曹魏的序幕，马谡失街亭的故事正发生在这一期间。请以诸葛亮、马谡、王平、张郃的身份分角色演绎这段故事。

2. “空城计”是“三十六计”之一，谁知道三十六计还有哪些计谋呢？

3. 诸葛亮北伐前，向后主刘禅呈上表章，这就是流芳后世的《出师表》。谁能背诵《出师表》这篇文章？

孔明家风

- 知识点
- 阅读导语
- 阅读故事
- 小组活动

淫慢则不能励
精险躁则不能
治性年与时驰
意与日去遂成
枯落多不接世
悲守穷庐将复
何及

知识点

◎ 诸葛亮看重才德，娶了一位并不漂亮的妻子。

◎“澹泊明志，宁静致远”的出处。

◎ 诸葛亮留下著名家训——《诫子书》。

◎ 诸葛亮儿孙战死沙场。

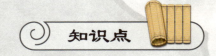

夫君子之行静
以修身俭以养
德非澹泊无以
明志非宁静无
以致远夫学须
静也才须学也
非学无以广才

阅读导语

“澹泊明志，宁静致远”这句名言，出自诸葛亮的家书——《诫子书》。该书只有短短 86 字，却蕴含了他对儿子的谆谆教诲和殷殷期望。在他的言传身教和良好家风家教的影响下，诸葛家人才辈出，三代忠烈，青史留名。让我们通过这封短短的家书，一同感受诸葛家的家风家训吧。

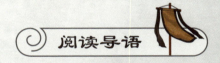

阅读故事

人们对《三国演义》中描写的诸葛亮故事可谓是耳熟能详，却对他的儿孙、他的家庭知之甚少。诸葛亮娶妻不重美貌，而以才德为先；他对自己的儿子教育严格，留下著名家训《诫子书》。

◈ 孔明娶妻　才德为先

从公元 197 年到公元 207 年，诸葛亮在躬耕读书的十年间，结识了众多的良师益友，也遇到了他的夫人——黄氏，即荆州名士黄承彦的女儿。黄承彦是诸葛亮的老师之一，他很欣赏诸葛亮的人品、学识和志向。当得知诸葛亮在择偶时，他便登门造访，仅仅用四句话就让诸葛亮点头应允了这门婚事："闻君择妇，身有丑女，黄头黑色，而才堪相配。"意思就是，听闻您在挑选媳妇，我有个丑女儿，头发黄一点皮肤黑一点，但才华可以说配得上您啊。没想到诸葛亮居然立马答应了这门婚事。

为何诸葛亮要娶这样一位丑妻？就连周围的邻居也大惑不解，纷纷笑传："莫作孔明择妇，止得阿承丑女。"其实，黄老先生是十分了解诸葛亮的，他判定孔明并不是以貌美作为择偶的条件，所以大胆地给自家丑女说媒，同时也给诸葛亮出了一道选择题，看他是重相貌还是重才德。果然，诸葛亮以才德为先。虽然史书并未记载这位黄氏的事迹，但我们相信黄夫人在诸葛亮后来的生活和事业上都是他强有力的支持者。

◈ 诫子书

成都武侯祠的孔明殿，又被称为“静远堂”，这个名称是出自诸葛亮写给儿子的《诫子书》中的名句“澹泊明志，宁静致远”。这八个字是诸葛亮一生的感悟，也是他对儿子的要求和期望。

诸葛亮 47 岁时有了自己的亲生儿子诸葛瞻。虽然晚年得子，但他对儿子的教育十分严格。在给哥哥诸葛瑾的家书中，诸葛亮写道：“瞻今已八岁，聪慧可爱，嫌其早成，恐不为重器耳。”可以看出，他对亲生儿子从不娇宠，时刻牵挂儿子的学习和成长，操心他能否成才，能否成为成就大事业的人。

于是，诸葛亮给儿子留下著名的家书——《诫子书》：“夫君子之行，静以修身，俭以养德。非澹泊无以明志，非宁静无以致远。夫学须静也，才须学也，非学无以广才，非志无以成学。淫慢则不能励精，险躁则不能治性。年与时驰，意与日去，遂成枯落，多不接世，悲守穷庐，将复何及！”

短短 86 个字，蕴含了诸葛亮对儿子的谆谆教诲与殷殷期望。诸葛亮告诫儿子，要沉心静气地提升个人智慧修养，以生活的简朴来培养自己高尚的品德。无欲恬淡，才能使志向高远；纯洁宁静，才能使思想境界远大宏伟。这篇书信彰显出一个刚柔并济的父亲形象，同时也浓缩了诸葛亮毕生的经历感悟、人生体验和价值取向。

夫君子之行靜以脩身儉以養德非澹泊
無以明志非寧靜無以致遠夫學須靜也
才須學也非學無以廣才非志無以成學
淫慢則不能勵精險躁則不能治性年與
時馳意與日去遂成枯落多不接世悲守
窮廬將復何及

孔明写《诫子书》

魏

◈ 三代忠烈

优良的家风家教取得了良好的成效，诸葛瞻成年后品行端庄，行为规范。公元 263 年，魏国大将邓艾攻蜀，翻越人迹罕至的摩天岭，沿阴平古道直入蜀国腹地。诸葛瞻与儿子诸葛尚率部在涪城（今属四川绵阳）严阵以待。邓艾遣使送信诱降诸葛瞻：“你如果愿意投降，我一定上表封你为琅琊王。”诸葛瞻大怒，斩杀了邓艾派来的使者，与儿子诸葛尚一起战死沙场。当时诸葛瞻 37 岁，而诸葛尚不到 20 岁。

后人称颂他父子尽忠报国，不愧为忠良之后。诸葛亮严明的家教、优秀的家训，正是培养出如此杰出子孙的关键所在，使得诸葛亮祖孙三代以忠贞之名，彪炳史册。

✻ 现代蒋兆和“诸葛亮像”图卷轴 ✻

（成都武侯祠博物馆藏）

小组活动

1. 武侯祠是成都著名景点，里面的孔明殿又被称作“静远堂”。谁能说一说这个名称的由来呢？

2. 谁能背诵《诫子书》这封家书呢？

街巷三国

- 知识点
- 阅读导语
- 阅读故事
- 小组活动

知识点

◎ 现今成都市区内的三国遗迹。

阅读导语

“九天开出一成都，万户千门入画图。”在成都这座历史文化名城里，2000 多年来留下了许多耀眼的文化地标和丰厚的文化遗产，其中最引人入胜的当属三国文化。自公元 221 年刘备建都成都起，到诸葛亮治蜀期间，成都作为蜀汉的政治经济文化中心数十年，为后世留下了九里堤、武担山、万里桥、锦里等诸多文化印记。我们一起去了解一下成都的三国文化遗迹吧。

阅读故事

东汉末年，群雄割据，最终形成三国纷争。公元214年，刘备入主成都，领益州牧；公元219年，刘备北伐汉中，黄忠阵斩夏侯渊，刘备夺取汉中，称汉中王。公元221年，刘备接受群臣建议，创建蜀汉王朝，登基于武担山之南，建都成都。此后诸葛亮治蜀11年，在历史上留下了著名的三国典故，同时也为成都这座历史文化名城留存了许多耀眼的文化地标和丰厚的文化遗产。

◈ 武侯祠大街

武侯祠大街，东起文翁路，西至一环路高升桥。在武侯祠大街231号，坐落着成都武侯祠博物馆。此处早在约1800年前开端发源，是蜀汉开国之君刘备的墓葬所在地。历经唐宋明清及近现代的不断变迁，成都武侯祠成了全国唯一一座君臣合祀祠庙，祠内供奉着刘备、诸葛亮等蜀汉英雄人物的清代塑像47尊。武侯祠1961年被国务院公布为首批全国重点文物保护单位，2008年成为全国首批一级博物馆，2016年被国家文物局授牌为全国三国文化研究中心，是当之无愧的“三国圣地”。

✻ 武侯祠过厅 ✻

◈ 九里堤

九里堤，又称诸葛堤，位于古成都少城之西北角，是秦汉时期成都水利工程的重要组成部分，也是都江堰水利工程灌溉成都的分支处。相传诸葛亮曾在此处修九里长堤，以防水患。而据史料考证，此处粗具规模，是在唐代剑南西川节度使高骈时期，他将成都水系的两江并流改为两江抱城，并修建縻枣堰。后宋代成都知府刘熙古，在此基础上扩建为九里堤，因工程浩大壮观，也被称为“九

✻ 现代钱松喦“古柏图”卷轴 ✻

（成都武侯祠博物馆藏）

里长虹”。明清以来，成都百姓敬重诸葛亮，于是将修堤之事附会于他，并将原来纪念刘熙古的“刘公祠”改建成了“诸葛祠”。

◈ 武担山

武担山，又名石镜山。据《华阳国志》记载：“武都有一丈夫，化为女子，美而艳，盖山精也。蜀王纳为妃。不习水土，欲去。王必留之，……无几，物故。蜀王哀念之，乃遣五丁之武都担土为妃作冢，……今成都北角武担是也。”也就是说，古蜀王时期，此处乃是蜀王爱妃的墓葬所在。由于爱妃不习水土，故而在爱妃离世后，蜀王命力士从爱妃的故乡武都担土至成都厚葬之，因而得名武担山。

该山不高，海拔 600 米左右。刘备曾在武担山之南筑坛祭天，并称帝登基，继承大汉正统。现今刘备筑坛遗址尚未发现，而武担山犹存，位于今江汉路新华宾馆内。

◈ 万里桥

万里桥，即成都老南门大桥。三国时期，诸葛亮派遣费祎出使东吴的时候，曾经在此处为他送行。费祎望着桥下的滚滚东流之水，发自肺腑地感叹：“万里之行，始于此桥啊！”而后他乘船东去，顺利地完成了联吴抗魏的外交使命，这座桥就被称为“万里桥”。

◈ 锦里

坐落在成都武侯祠东侧的锦里古街，号称西蜀第一街。三国时期诸葛亮治蜀，发现了一个绝佳的商机，那就是蜀锦。他曾经跟部下说：“今民贫国虚，决敌之资，唯仰锦尔。”于是诸葛亮把从事桑蚕丝织的手工艺人全部聚集在一起，建了一座手工城坊来集中生产，这座城就叫作锦官城，也被称为锦里。

而今的锦里古街是成都武侯祠博物馆斥资打造的，全长550米，占地面积30000余平方米，是一个集吃、住、行、游、购、娱六位一体的旅游必去的打卡圣地。走进锦里古街，张飞牛肉、煮酒坊、铜雀台、诸葛井等饱含三国文化内涵的场所，无不让人感觉置身于三国时代。

◈ 葛陌

在现今的双流东升街道，有一个葛陌社区，原来也叫葛陌村。据唐代《元和郡县志》的记载：“诸葛亮旧居在县东北八里，今谓之葛陌。”也就是说，这里便是诸葛亮当年的旧居。

公元234年秋天，诸葛亮在临终之际曾给后主刘禅上表：“臣的家中有八百株桑树、十五顷薄田，足够子弟亲眷们自给自足了。”诸葛亮因此成为中国历史上第一个自报家产的丞相。而这八百株桑树、十五顷薄田所在的位置，就被后人口口相传，成了“葛陌”一名的由来。

成都市区三国遗迹示意图

小组活动

1. 请说一说，现在成都市区有哪些三国文化遗迹呢？

2. 请以诸葛亮、费祎的身份分角色演绎万里桥的故事。

三國書院

图书在版编目（CIP）数据

孔明来了 / 成都武侯祠博物馆编著 . -- 成都 : 巴蜀书社 , 2024. 11. -- (“三国书院”系列丛书).
ISBN 978-7-5531-2328-8
Ⅰ. K827=362
中国国家版本馆 CIP 数据核字第 2024KV8942 号

“三国书院”系列丛书

孔明来了
KONGMING LAILE

成都武侯祠博物馆　编著

策　　划：周　颖　吴焕姣
责任编辑：王欣怡
责任印制：田东洋　谷雨婷
书籍设计：胡新一　黎　萍
出　　版：巴蜀书社
　　　　　成都市锦江区三色路 238 号新华之星 A 座 36 楼
邮　　编：610023
网　　址：www.bsbook.com
发　　行：巴蜀书社
　　　　　发行科电话：028-86361852
经　　销：新华书店
印　　刷：成都市东辰印艺科技有限公司

成品尺寸：185mm × 210mm　印张：5.5　字数：100 千
2024 年 11 月第 1 版　2024 年 11 月第 1 次印刷
ISBN 978-7-5531-2328-8
定价：68. 00 元